PIAFFER ET PASSAGE
textes de 1932 et 1949

Général Albert DECARPENTRY

PRÉPARATION AUX ÉPREUVES DE DRESSAGE

PIAFFER ET PASSAGE

TEXTES DE 1932 ET 1949

réédité par Joël Choqueux aux imprimeries BoD

Édition : BoD - Books on Demand, info@bod.fr
Impression : BoD – Books on Demand,
In de Tarpen 42, Norderstedt (Allemagne)
Impression à la demande
ISBN : 978-2-3225-1855-5
Dépôt légal : Novembre 2023

ALBERT DECARPENTRY

Il était autant modeste, simple et humble que cultivé, courageux, brillant et intelligent. « Le plus savant d'entre-nous » disait Wattel.
Il ne se passe pas une semaine sans que je consulte son Équitation académique, mais il faut lire aussi « Piaffer et passage » ou encore « Baucher et son école ».

Le 21 février 1916, après avoir passé la nuit dans la boue, du côté de Douaumont, il charge et reçoit un éclat d'obus dans le bras. Les brancardiers allemands retrouveront le capitaine Decarpentry inanimé au milieu des morts, il reçoit l'extrême-onction. Le médecin-major de l'armée allemande dit à son assistant : « Il va falloir l'amputer, le coude est déchiqueté ». Decarpentry qui a entendu, réplique dans un allemand parfait : « Major, je suis cavalier, si je n'ai plus de bras, je ne pourrai plus monter à cheval. Essayez de le sauver". "Nous allons pouvoir éviter l'amputation que je croyais nécessaire, mais l'articulation de votre coude restera bloquée. Dans quelle position souhaitez-vous ? ». Et Decarpentry répond : « Major vous êtes cavalier, vous savez. Faites que je puisse garder la position de la main de bride ». Il ne fut, sûrement à cause de cela, jamais écuyer en chef.

Pour ce qui concerne l'écuyer, il possède le rare talent de savoir écrire. Son Équitation Académique, en réponse aux personnes qui me demande des références, je dirai que c'est un chef-d'œuvre de clarté, bible de tous les cavaliers. Il écrit dans sa préface : « Ce livre n'a rien d'un corps de doctrine. Ce n'est pas, non plus, l'exposé d'une méthode, mais un répertoire de procédés classé dans l'ordre de leur emploi et, en somme, un simple manuel de cuisine équestre.
« En fait disait le général Destroyat, « Pentry, ou Pentoche (c'étair les surnoms de Decarpentry avait une culture générale incroyable. Il était littéralement incollable sur n'importe quel sujet. Il avait réponse à tout, simplement, sans affectation. Il ne faisait jamais étalage de de ses connaissances qui nous éblouissaient, répondant simplement à nos questions, analysant mieux que personne nos problèmes. Il parlait aussi bien de religion, de littérature ou de politique que de chevaux. Et toujours d'une voix douce, sans jamais s'emporter comme la plupart d'entre nous ».

Première
PRÉFACE

du colonel DANLOUX
Écuyer en chef à l'École de Saumur

« Piaffer et Passage » vient à son heure et répond à un but précis : faciliter la tâche des cavaliers qui préparent la reprise difficile de l'épreuve olympique.

Travaillant seuls le plus souvent, ils n'obtiennent dans l'exécution de ces deux airs que de médiocres résultats.

Un guide leur manquait pour les conduire dans la voie du progrès.

Ils ne pourront trouver que de précieux conseils dans ces quelques pages dictées par l'expérience, si sobrement et clairement écrites, et où l'auteur, avec une sincérité et une modestie qui lui font honneur, n'hésite pas à se critiquer lui-même pour mieux se faire comprendre.

Mon cher Decarpentry, tu étais particulièrement qualifié pour traiter ce sujet difficile.

Lorsque nous étions sous-écuyers ensemble, tandis que la plupart d'entre nous faisions plus du « d'Aure » que du « Baucher », ne cherchais-tu pas déjà à percer les mystères du rassembler ? Et ne t'ai-je pas retrouvé à Saumur, vingt ans après, visant toujours par-dessus tout, dans le travail précis et brillant de ton cheval « Professeur », à la parfaite légèreté ?

En m'envoyant les épreuves de ton livre, tu as bien voulu me demander une préface ; puissent ces quelques lignes de ton vieil ami en tenir lieu, dans toute leur simplicité.

Saumur, ce 15 août 1932.

P. DANLOUX

Deuxième
PRÉFACE

du Général (c.r.) Pierre DURAND

L'article 419 du règlement fédéral rappelle le but des oncours de Dressage Internationaux

En créant en 1929 un Concours de Dressage International, a FEI a eu pour but de préserver l'Art Équestre des altérations uxquelles il peut être exposé et de le conserver dans la pureté le ses principes pour le transmettre intact aux générations utures des concurrents.

Parmi les mouvements consacrés par le Grand Prix et le Grand Prix Spécial, le piaffer, le passage et les transitions reliant es deux airs, sont avec les pirouettes au galop et les changements le pied au temps, les difficultés du répertoire.

Les changements de pied de tact en tact que permet l'équibre horizontal révélé par François Baucher sont généralement ien exécutés, comme le passage d'ailleurs.

Mais les mouvements qui requièrent un équilibre sur les anches, le cheval s'asseyant sans perte d'activité, sont rarement éussis.

L'ouvrage « *PIAFFER ET PASSAGE* », le premier qu'ait publié, en 1932, le général DECARPENTRY pour venir en aide aux dresseurs isolés ou privés d'un bon maître, n'a donc rien perdu de son intérêt.

L'autocritique qui fonde sa pédagogie prouve le courage, l'expérience et la compétence de l'expert.

Alors que l'incohérence menace une méthode de dressage officielle qui exige, au départ, un solide appui sur le mors sans cesser de prétendre, in fine, au soutien et à la grâce, il est heureux de lire si clairement expliqué le principe « Main sans jambes ; jambes sans main » l'une des clés de la seconde manière de Baucher exposée par le général FAVEROT DE KERBRECH.

Cette réédition est enrichie de commentaires illustrant la difficulté de juger et les divergences d'école dont l'auteur écrira en 1949 :

« Puissent les diverses fédérations nationales rivaliser d'efforts pour organiser la préparation de ces luttes si favorables au développement de l'art, et opposer des équipes toujours plus avancées vers la perfection du style qui leur est propre. »

Comme tous les ouvrages du général DECARPENTRY, « *PIAFFER ET PASSAGE* » contribue à faire fleurir cette « poésie de l'équitation ».

Général (c.r.) Pierre DURAND
Écuyer en chef du Cadre noir de 1975 à 1984
Directeur de l'École Nationale d'Équitation de 1984 à 1988

*L*ES *critiques étrangers s'accordent à reconnaître la haute qualité du travail au galop présenté par presque tous les concurrents français dans les épreuves internationales de dressage.*

Ils sont également unanimes pour qualifier le travail du piaffer et du passage présenté par les mêmes concurrents, à part de très rares et très brillantes exceptions, d'épithètes moins élogieuses.

Notre piaffer est fréquemment noté comme « esquissé », « indiqué », « suffisant », « régulier », sans que sa hauteur, son ampleur — pour tout dire, sa majesté — soulève jamais l'enthousiasme des critiques, fréquemment déchaîné au contraire par nos changements de pied au temps, par exemple.

Il n'y a rien d'étonnant à cela, puisque le programme des cours de Sous-lieutenants et de Lieutenants s'étend à Saumur jusqu'à l'enseignement du changement de pied au galop, tandis que l'enseignement du piaffer et du passage en est exclu.

La plupart de nos concurrents n'ont suivi que ces deux cours et sont par conséquent moins préparés à finir leurs chevaux au trot qu'au galop (*).

J'ai pensé qu'il pourrait leur être utile de trouver une progression basée sur les préceptes de nos grands écuyers. J'y ai joint quelques observations sur la mise en pratique de ces préceptes, sous forme de critiques appliquées aux photographies d'un même cheval, monté par un même cavalier, dont je connais particulièrement bien la médiocrité.

(Clichés de Blanchaud, photographe de l'École de Cavalerie).

---

* — *Le cours de perfectionnement équestre qui comprend l'enseignement complet de l'équitation académique, est d'institution récente, et n'est suivi que par un très petit nombre d'officiers.*

PIAFFER ET PASSAGE

I
ORDRE DANS LEQUEL IL CONVIENT DE PROCÉDER
A L'ÉTUDE DE CES DEUX AIRS

L' ANCIENNE école, et celle de Baucher, prescrivent de rechercher d'abord le piaffer, puis le passage par développement en avant du piaffer.

Au contraire, Fillis et Saint-Phalle recherchent d'abord le passage, puis le ralentissent jusqu'au piaffer.

Il est hors de doute que ces deux airs peuvent atteindre la perfection, quel que soit l'ordre dans lequel ils ont été recherchés, lorsqu'ils sont enseignés au cheval par un maître.

Mais pour des cavaliers moins habiles, et en vue des épreuves actuelles de dressage de la Fédération Équestre Internationale, il paraît préférable de s'en tenir aux errements des anciens, pour les raisons suivantes :

1° Le style du passage issu du piaffer est généralement plus académique et plus conforme à la définition de la Fédération Équestre Internationale en ce qui concerne l'élévation des avant-bras, la flexion des genoux, la verticalité des canons antérieurs, et l'élévation relative des membres antérieurs et postérieurs, tandis que le passage issu du trot est souvent plus étendu que relevé, et d'un style moins classique.

2° Certaines irrégularités des allures diagonales, souvent presque imperceptibles au trot, sont encore difficilement observables au passage, malgré le développement qu'elles y prennent toujours, et elles n'apparaissent nettement qu'au piaffer.

Dans le cas où le piaffer est issu du passage, et lorsqu'il est par conséquent l'aboutissement d'un long travail pendant lequel ces irrégularités se sont enracinées par l'habitude, il devient très difficile de les redresser — quand il n'est pas trop tard pour pouvoir y parvenir.

En commençant au contraire par le piaffer, on observe plus facilement l'irrégularité du développement des deux diagonaux, et on peut entreprendre de la corriger avant qu'elle ne soit invétérée.

Je me propose d'exposer la préparation et le perfectionnement progressif du piaffer obtenu directement, puis le développement du passage issu du piaffer.

La progression que j'indique me paraît, parmi celles qui peuvent conduire au piaffer, la suite logique et le complément de la méthode de dressage employée par la majorité de nos cavaliers militaires, que j'ai été en mesure d'observer pour la plupart pendant de longues années.

QUAND PEUT-ON SANS INCONVÉNIENTS COMMENCER LE DRESSAGE AU PIAFFER?

Quand le cheval est entièrement fini au pas et au trot.

Il est en particulier indispensable qu'il exécute, sans aucune altération de la mise en main :

Les changements de vitesse au trot et *surtout : le départ de pied ferme au trot, et l'arrêt franc du trot.*

Le travail de deux pistes, et notamment la volte serrée les hanches en dedans au trot.

Pour fixer les idées, j'adopte les définitions suivantes :

MISE EN MAIN. — Soumission absolue de la mâchoire *dans le ramener*, caractérisée par « son détachement moelleux... au premier appel de la main. (Général L'Hotte) ».

RAMENER. — Verticalité de la tête (ou position de celle-ci voisine de la verticale, au delà) *la nuque restant toujours le point le plus élevé de l'encolure.*

DEMI-ARRÊT. — Action ferme de bas en haut sur rênes *tendues* et doigts *bien fermés*, suivie rapidement du relâchement progressif des doigts, et d'une cession de main.

Cette action présente de l'analogie avec celle qui permet « d'arracher » de terre un lourd pavé placé au pied d'un escalier, pour le déposer délicatement sur une des marches de cet escalier, *sans endommager en quoi que ce soit* la surface de cette marche, et sans faire de bruit.

COMMENT PRÉPARER LE PIAFFER

Exécuter alternativement, d'abord à d'assez longs intervalles, les deux exercices suivants

— Départ de pied ferme au trot, suivi de l'arrêt.

— Arrêt du trot, suivi du départ au trot.

Dans le premier de ces deux exercices, le nombre de battues entre le départ et l'arrêt sera diminué progressivement.

La mesure dans laquelle ce nombre peut être diminué est indiquée par la mise en main. Dès que celle-ci s'altère, c'est que le cheval n'est pas assez assoupli pour pouvoir exécuter aussi rapidement qu'on le lui demande le changement d'équilibre nécessaire pour passer du mouvement à la station et réciproquement.

La réduction doit donc se faire battue par battue.

Dans le second exercice, la longueur du temps d'arrêt sera réduite aussi progressivement.

La conservation de la mise en main indiquera également la mesure à donner à cette réduction de temps entre l'arrêt et le départ.

Le trot doit être assez lent, mais franc et bien marqué.

Arrêter et partir rigoureusement droit.

Quand le cheval exécute sans perdre sa mise en main chacun de ces deux exercices, sur des temps de trot de quelques battues, et des arrêts de quelques secondes, répétés cinq ou six fois de suite, finir la série par un bon temps de trot suivi d'un arrêt prolongé, avec mise en main confirmée sur serrement des doigts, terminée par un long repos en place, les rênes abandonnées sur l'encolure.

Dans ce travail, il importe d'observer scrupuleusement le principe « Main sans jambes, jambes sans main », c'est-à-dire :

Ne jamais augmenter *en même temps* l'intensité d'action des aides supérieures et celle des aides inférieures.

Si la *main* agit ou augmente l'intensité de l'action qu'elle exerçait auparavant, les *jambes* doivent ou bien conserver l'intensité de l'action qu'elles exerçaient au moment où la main augmente la sienne, ou bien la diminuer, suivant les cas, *mais ne jamais l'augmenter* pendant la durée de l'action ou du surcroît d'action de la main.

Si les jambes agissent, ou augmentent leur action, la main doit rester passive, ou rendre, suivant les cas.

Le contact des talons avec les flancs, et celui de la main avec la bouche doivent rester assez intimes pour que les actions alternatives de mains et de jambes puissent se succéder rapidement sans le moindre à-coup.

Au degré de dressage que le cheval doit avoir atteint, les augmentations d'action des aides nécessaires pour obtenir le travail dont il est question sont très faibles, et la *cession* de l'aide qui n'agit pas est généralement inutile : il suffit qu'elle n'augmente pas son action en opposition directe et simultanée avec celle de l'aide agissante.

Si toutefois le cheval vient à s'endormir sur les jambes, attaquer des talons en rendant franchement de la main.

Si le cheval s'alourdit sur la main, demi-arrêt franc, avec cession de jambes.

Puis reprendre: jambes actives, main fixe; main active, jambes fixes.

Éviter les fautes d'assiette, et particulièrement, quand la main agit, le retrait des épaules et du buste, qui surcharge les hanches.

S'efforcer de rester vertical, éperons, ischions, épaules sur la même ligne; appuyer davantage sur les étriers et moins sur l'assiette quand l'arrière-main s'éteint.

Éviter les fautes de la main, passant trop brusquement de l'activité à la passivité, ou inversement. L'étendue de ses mouvements doit être strictement limitée à l'indispensable, et devenir imperceptible quand le cheval est mûr pour aborder le piaffer.

Éviter les fautes analogues de jambes.

COMMENT COMMENCER LE PIAFFER

Alterner comme précédemment l'action des jambes et celle des mains, en passant de l'une à l'autre dès que la première a obtenu un commencement d'exécution et *avant qu'elle ait entièrement produit son effet.*

Dès que le cheval se mobilise sous l'action des jambes, qui se relâchent immédiatement, *main,* pour s'efforcer de diminuer l'étendue de la progression *sans arrêter le mouvement.*

Dés que le cheval tend à s'immobiliser sous l'action de la main, qui rend instantanément, *jambes* pour éviter la *cessation complète du mouvement* — et ainsi de suite.

Après quelques alternatives, laisser partir franchement le cheval sur une action de jambes, et après un bon temps de trot, passer à l'arrêt complet sur une action de main, suivi d'un repos prolongé sur place.

Au bout d'un certain nombre de séances, le cheval commencera à conserver la cadence du trot en avançant à peine à chaque battue.

Il faut le laisser faire de lui-même quelques secondes, mais éviter soigneusement de le laisser *s'arrêter* de lui-même, et terminer toujours l'exercice *au commandement* du cavalier, soit par l'arrêt, soit par le développement du trot.

L'attitude d'ensemble dans ce début de piaffer est contrainte. L'épine dorsale n'est pas suffisamment raccourcie, comme elle doit l'être par la flexion de toutes ses courbures. L'ensemble de l'encolure et du tronc dépasse trop, en avant et en arrière, la base de sustentation des membres qui convergent exagérément sous le corps.

Le dessus est contracté, le rein voussé.

Le cavalier se sent surélevé au-dessus du cheval. Ses genoux remontent, poussés par le soulèvement des côtes, dont l'écartement provoque au contraire le resserrement des flancs, qui semblent fuir le contact des mollets du cavalier.

Les contractions des muscles de la croupe provoquent des fouaillements de queue plus ou moins violents.

Les postérieurs s'engagent trop loin en avant, sans flexion suffisante au grasset et au jarret.

Les antérieurs se posent trop en arrière.

Dans chaque diagonal à l'appui, la distance des pieds est trop réduite, la base de sustentation est trop courte pour que le cheval puisse s'y confier longtemps, aussi l'élévation des membres au soutien est-elle faible, et l'alternance des diagonaux souvent précipitée.

L'encolure est généralement trop basse, l'angle à la nuque trop ouvert. La bouche perd sa souplesse, ou, plus souvent encore, exagère nerveusement sa mobilité.

DÉVELOPPER LE PIAFFER

(Voir planche I « Développement du piaffer »).

———————

Lorsque le calme est complet dans ce trot exécuté *presque* sur place, que la régularité de ses battues s'affirme, que les fouaillements de queue diminuent de violence, il faut commencer à modifier l'attitude générale du cheval par le relèvement de l'encolure dans le ramener.

RELÈVEMENT DE L'ENCOLURE. — Le relèvement de l'encolure doit être entrepris d'abord, et progressivement, jusqu'à ce que le bout du nez reste sensiblement au niveau de la pointe des hanches, la mise en main et le ramener demeurant inaltérés.

Aussi longtemps que ce résultat n'est obtenu que sous l'action *persistante* de la main, et cesse avec elle, il doit être considéré comme insuffisant.

Il faut que le cheval conserve *de lui-même* cette attitude, sans chercher à la modifier avant d'en recevoir l'ordre.

Le relèvement de l'encolure diminue peu à peu l'étendue de la progression à chaque battue, souvent jusqu'au mouvement sur place.

Si ce résultat n'est pas encore entièrement atteint, il n'y a pas lieu de s'en préoccuper. Le travail de relèvement des antérieurs achèvera de réduire la progression.

Il arrive au contraire que le cheval recule légèrement au lieu de rester en place.

A moins que ce mouvement rétrograde ne soit indubitablement une manifestation de mauvaise volonté frisant la défense, il faut éviter de corriger le cheval par une brusque attaque d'éperons, mais le reporter simplement en avant par une action justement graduée des jambes, sans rompre la cadence, et recommencer cette action chaque fois que le cheval, cherchant son équilibre, essaie de le trouver dans le recul.

RAMENER. — La verticalité de la tête ne peut être conservée, quand l'encolure s'élève, que par une augmentation de la flexion à la nuque.

Quand celle-ci est obtenue dans la mise en main parfaite, c'est-à-dire par une obéissance *voulue*, et non forcée, du cheval, elle réagit sur le rachis tout entier, et augmente l'incurvation en souplesse de toutes les courbures naturelles de celui-ci.

La distance du bout du nez à celui de la queue est ainsi diminuée, le corps déborde moins en avant et en arrière des membres, qui se trouvent en outre rapprochés par leurs extrémités *supérieures*. Le cheval, tout en restant rassemblé, devient ainsi moins « *sous lui* » des antérieurs et des postérieurs.

Le dessus se décontracte, s'infléchit, entraînant l'abaissement des hanches et de la pointe des fesses, et par suite la fermeture du grasset et du jarret.

La queue se fixe et s'arrondit.

A leur poser, les antérieurs se rapprochent de la verticale du sommet du garrot, les postérieurs, de la verticale de la pointe des hanches.

L'équilibre du cheval sur chacun de ses diagonaux devient moins instable, car la base de sustentation qu'ils offrent au corps successivement devient moins exiguë par rapport à la longueur de celui-ci.

Le cheval s'y abandonne avec plus de confiance, et ses battues s'espacent davantage.

RELEVER LES ANTÉRIEURS

(Voir planche I « Développement du piaffer »).

Quand le cheval reste avec calme et confiance dans cette attitude, sans altération de la mise en main ni de la cadence, sans chercher à abaisser l'encolure ni à sortir du ramener, on peut entreprendre le relèvement des antérieurs, pour amener progressivement les avant-bras au niveau de la pointe du coude.

On y parvient en chargeant l'antérieur à l'appui, et en prolongeant la durée de cet appui.

Pour conserver l'équilibre, le cheval élève l'antérieur opposé et prolonge la durée du soutien de ce membre.

C'est par l'appui sur l'encolure de la rêne droite, par exemple, que l'on peut charger l'épaule gauche, et décharger la droite.

Cet effet ne se produit exactement que lorsque le cheval obéit sans contraction à l'indication de la rêne, et s'abandonne avec confiance à son action.

Il n'en est généralement pas ainsi au début, et l'instinct du cheval l'incite à se dérober à cette poussée par différentes contractions, dont les plus fréquentes sont les suivantes :

A. — Le cheval refuse plus ou moins de fléchir son encolure dans le sens demandé. L'effet de rêne, au lieu de pouvoir être localisé dans l'avant-main, comme il est nécessaire, se transmet le long de la colonne vertébrale jusqu'au postérieur gauche et le paralyse plus ou moins.

La cadence s'éteint, d'abord dans l'arrière-main.

B. — Le cheval donne à peu près à son encolure le degré de flexion demandé, mais il le fait par écartement de la tête à droite.

Le transport de poids vers la gauche recherché par le cavalier ne se produit que peu ou pas, et l'épaule droite n'est pas déchargée suffisamment.

L'arrière-main est encore atteinte par l'effet de rêne, et son mouvement plus ou moins troublé.

C. — Le cheval donne à peu près à son encolure le degré de flexion demandé, mais en écartant son garrot à gauche. L'épaule gauche s'écarte alors trop pour que le pied antérieur gauche puisse rester en place. Il se déplace brusquement pour se replacer sous l'épaule. La cadence est perdue, d'abord par l'avant-main.

Il n'est guère possible d'éviter entièrement ces réactions de l'instinct, mais il faut tout d'abord éviter de provoquer leur violence. On y parvient dans une certaine mesure par la discrétion des demandes de la main, mais surtout par LEUR OPPORTUNITÉ.

Tout effet d'appui de la rêne droite précédant le poser de l'antérieur gauche déplace ce poser vers la gauche. Il en est de même si l'effet de rêne persiste jusqu'au lever de ce membre.

Le temps pendant lequel doit se produire l'effet de rêne pour obtenir sans désordre le résultat cherché est donc très limité.

Aussi est-il d'abord nécessaire que le cavalier possède parfaitement ce « *sentiment des levers et des posers* », que l'Écuyer AUBERT considérait comme la base du tact.

Il faut encore qu'il ait développé son adresse en balançant le cheval entre les différents effets d'une même rêne, et nul exercice n'est plus favorable à ce développement que l'alternance de l'épaule en dedans avec l'appuyer, si parfaitement décrite par le commandant *de Salins* dans ses deux ouvrages qui sont entre toutes les mains. (*)

Dans la pratique, il faut en conséquence

1°. — Ne jamais chercher à produire l'effet d'appui quand le cheval n'est pas parfaitement dans la mise en main.

2°. — Se contenter pendant longtemps d'un serrement de doigts sur la rêne droite, la main placée sensiblement au-dessus du garrot, au moment du poser de l'antérieur gauche.

3° — Rectifier ensuite peu à peu, et par tâtonnements, la direction à donner à cette rêne pour que son effet reporte sur l'épaule gauche SEULEMENT l'excédent de poids qu'on veut lui faire supporter, sans atteindre l'arrière-main.

4° — Augmenter peu à peu l'intensité et la durée du serrement de doigts, en surveillant l'effet obtenu, de manière à les réduire instantanément dès qu'un désordre se manifeste.

Il est naturellement de la plus haute importance que les résultats obtenus soient parfaitement égaux pour les deux épaules. Toutefois dans les débuts, il est presque toujours indispensable d'agir sur l'une d'elles seulement pendant plusieurs battues. On peut même s'en tenir à exercer une seule épaule pendant quelque temps.

(*) J. DE SALINS, Méthode de dressage rapide du cheval de selle et d'obstacles, Oberthur, Rennes. 1925.
J. DE SALINS, Secret de l'art équestre (Épaule en dedans), Oberthur ; Rennes, 1931 ; et seconde édition : Hazan, Paris, 1966.

Mais dès qu'on a obtenu une ombre d'allégement d'un côté, il faut se hâter de rechercher le même résultat de l'autre — ce qui peut être plus ou moins long, mais rarement d'une égale durée que pour le premier, le cheval, comme l'homme, n'étant jamais symétrique naturellement.

Il faut ensuite lier les deux effets jusqu'à ce que les battues des deux antérieurs soient parfaitement égales, tout en restant séparées par un intervalle de temps un peu plus long qu'avant le commencement de ce travail.

Puis recommencer séparément.

Pendant toute cette période de travail, toute action de main doit cesser dès que l'activité du mouvement diminue.

Les jambes reprennent alors leur action sans brusquerie mais avec fermeté en cas de besoin, jusqu'à ce que les diagonaux retrouvent franchement leur cadence.

Alors les jambes se relâchent, et la main recommence son action.

DÉVELOPPER L'AMPLEUR DU GESTE

Il arrive que la flexion des genoux dépasse l'angle droit, et que les canons antérieurs restent en arrière de la verticale quand les avant-bras se rapprochent de l'horizontale.

Le piaffer perd ainsi de sa correction et de sa grâce.

Cette attitude vicieuse provient de ce que *l'avant-main n'est pas suffisamment déchargé*. L'extension en avant de la partie inférieure du membre suffirait à détruire l'équilibre dans le même sens, et l'instinct du cheval l'en avertit.

Si l'élévation du membre lui est demandée dans cette attitude d'ensemble défectueuse, le cheval ne peut la donner qu'en rapprochant le pied du coude, sans l'avancer, et en fléchissant exagérément le genou.

Il est souvent difficile de remédier à ce défaut, qu'il est au contraire relativement facile d'éviter en attendant, pour demander l'élévation des antérieurs, que l'avant-main soit convenablement déchargé, et permette la verticalité des antérieurs à *leur poser* placé bien à l'aplomb du sommet du garrot.

Quand cette condition n'a pas été remplie et que les antérieurs ont commencé de prendre cette forme étriquée de mouvement, il faut abandonner entièrement la recherche de leur relèvement, et reprendre la progression là où « *l'enjambement* » malencontreux a été commis.

La plupart du temps l'insuffisance d'allégement de l'avant-main ne provient pas, dans ce cas, de celle du relèvement de l'encolure mais surtout de celle du ramener.

Il est à craindre que cette insuffisance de ramener n'ait échappé à l'observation du cavalier bien avant la recherche du piaffer, et déjà dans le travail au trot, au pas, et même à l'arrêt.

Il faut donc remonter dans la progression du dressage aussi haut qu'il est nécessaire pour redresser la faute au point de cette progression où elle commence à apparaître, et obtenir la fixité du ramener dans toute la suite de celle-ci, jusqu'au point où le relèvement des antérieurs dans le piaffer peut être entrepris.

Il y a lieu d'observer en outre que le retrait des canons antérieurs coïncide souvent avec une tendance au recul.

Il faut alors le combattre comme cette dernière, en exigeant une avance à chaque battue, légère mais bien marquée.

DÉVELOPPEMENT

DU

PIAFFER

II   I

Rectifier l'attitude générale en relevant le devant

I. — ACTION DE MAIN.

Sur la demande de relèvement d'encolure, résistance (Voir l'inclinaison des branches du mors).

Le cheval a la croupe haute (voir pointe du profil de celle-ci au-dessus de l'articulation de la hanche). La pointe de la fesse, le grasset, le jarret et le genou sont à peine fléchis. Le cheval est *penché en avant* sur son antérieur gauche posé trop en arrière, tandis que l'antérieur droit ose à peine décoller du sol.

Le cavalier est soulevé par la contraction du dessus (l'horizontale de la pointe des oreilles du cheval passe par sa poche). Ses genoux sont également soulevés, et ses jambes écartées et poussées en avant par le gonflement du thorax (voir distance du genou du cavalier au bord de la selle, du pied à la sangle).

II. — ACTION DE MAIN.

Le cheval cède à la demande de la main (voir degré d'inclinaison du mors). Son dessus s'infléchit (voir descente du cavalier : l'horizontale de la pointe des oreilles du cheval passe au-dessus de l'épaule du cavalier). Le thorax du cheval se dégonfle (voir distance du genou au bord de la selle, du pied à la sangle). Les hanches s'abaissent (la pointe du sommet de la croupe a disparu. La flexion des articulations de l'arrière-main s'accuse, ainsi que l'élévation du postérieur au soutien).

L'avant-main est moins penché en avant (voir distance de la verticale du bout du nez à la pince de l'antérieur à l'appui). L'antérieur au soutien décolle plus franchement. La flexion du genou augmente. Le cavalier est descendu dans le cheval, ses jambes ont repris leur place.

V   IV   III

Développer le geste des antérieurs

III — ACTION DE MAIN

(de haut en bas et de droite à gauche, pour décharger l'épaule droite).

Le dessus résiste, le thorax se gonfle. L'avant-main cède un peu, l'encolure s'incurve à droite et reflue en arrière. L'attitude fléchie de l'antérieur à l'appui montre qu'il est encore trop en arrière pour permettre un équilibre durable. L'antérieur droit est allégé et élevé, la verticale du genou se rapproche de celle des oreilles. Par suite de la contraction de l'épine dorsale, l'effet de rêne atteint le postérieur gauche et réduit son mouvement.

Le cavalier s'est raidi, son buste penche en arrière, ses jambes filent en avant.

IV. — CESSION DE MAIN ET ACTION DE JAMBES
pour activer les postérieurs.

Le dessus cède, le cavalier redescend dans sa selle. La croupe s'abaisse, les articulations des postérieurs fléchissent. L'antérieur à l'appui, presque vertical, s'est avancé tout près de la place qu'il devrait occuper. L'antérieur droit se dégage visiblement, mais son geste est exagéré par la photo, qui n'est pas prise de plein profil.

V. — FIXITÉ DE MAINS ET DE JAMBES,
pour laisser le chevalchercher lui-même son équilibre.

Il s'en rapproche, ainsi qu'en témoigne l'amélioration de son attitude d'ensemble, mais il ne l'a pas entièrement trouvé, comme le montre le bâillement de la mâchoire.

La croupe est encore trop haute. Le postérieur à l'appui est bien placé, mais insuffisamment fléchi. Le postérieur au soutien n'est pas non plus suffisamment fléchi, surtout au jarret, de sorte que le boulet n'est pas assez avancé sous la masse, ni le pied suffisamment élevé.

L'antérieur à l'appui est bien placé : la verticale de sa pince atteint le tiers supérieur de l'encolure.

L'antérieur au soutien est correct.

Le cavalier a le buste trop en arrière, ce qui contribue à alourdir le postérieur au soutien.

PASSAGE

Pour passer du piaffer au passage, obtenu par la progression qui vient d'être exposée, il faut abaisser la barrière qu'oppose la main à la poussée des postérieurs, afin de transformer en mouvement en avant une partie de leur dépense d'énergie, dirigée uniquement de bas en haut dans le piaffer.

En général, la cession de la main provoque d'abord chez le cheval une hésitation marquée, qu'il est nécessaire de faire cesser par l'action des jambes, employées franchement, mais avec modération et surtout sans brusquerie.

Le cheval obéit à cette indication en perdant l'équilibre en avant, et en passant au trot ordinaire après deux ou trois battues un peu scandées.

Les premiers jours, il est bon de le laisser trotter franchement quelques dizaines de mètres sans opposition de main, puis de l'arrêter et de le caresser.

Ensuite, on procède de la même manière, mais en recherchant la mise en main le plus tôt possible dès que le mouvement en avant est obtenu, et en faisant suivre la mise en main de l'arrêt.

Lorsque le cheval arrête facilement dans la mise en main, on l'arrête dès que les quelques battues de trot CADENCÉ succédant au piaffer dégénèrent en trot ordinaire.

Enfin, on passe du piaffer au trot cadencé, on arrête net dès que la cadence se perd, on remet le cheval au piaffer, on repart au trot cadencé, et ainsi de suite jusqu'à ce que le trot cadencé soit conservé facilement dans la mise en main, sans aucune précipitation des battues, en avançant franchement, et lentement.

◊Il faut avoir grand soin de ne pas partir, au début, du piaffer
« maximum » du cheval, mais au contraire d'un piaffer peu élevé,
mais bien marqué, et surtout parfaitement calme.

En effet, le départ du piaffer au trot cadencé impose au
cheval, au début du moins, un surcroît d'effort des postérieurs.

Si l'élévation du piaffer réclamait déjà leur effort maximum,
le cheval « tomberait » dans un trot cadencé éteint, au lieu de
« s'élancer » dans un trot cadencé énergique.

Peu à peu, le cheval acquiert de l'adresse par l'exercice, et
substitue en grande partie au supplément d'effort des postérieurs
une disposition nouvelle de sa masse, qui transforme en
mouvement en avant une partie du mouvement exécuté en
hauteur dans le piaffer.

On peut alors partir d'un piaffer plus élevé, mais toujours
en prenant soin de ne pas laisser s'éteindre la cadence avec le
développement en avant du mouvement.

Il ne faut passer au départ d'un piaffer plus élevé que lorsque
la cadence du précédent était parfaitement conservée dans le
mouvement en avant.

Le trot cadencé se transforme ainsi peu à peu en passage.

DÉPART AU PASSAGE

DU

PIAFFER

III   II   I

I. — Piaffer régulier mais d'un développement inférieur à celui que le cheval peut donner, constituant une base de départ favorable pour obtenir un passage énergique dès son début.

II. — Trop de jambes. Le cheval perd l'équilibre en avant, et se jette sur la main. Malgré cette faute, le « type » du passage est satisfaisant.

La photo prise de travers exagère le geste du postérieur, et diminue celui de l'antérieur.

Le cavalier s'est laissé surprendre par l'inertie, son buste est trop en arrière.

III. — Main, pour rétablir l'équilibre (par actions alternatives des deux rênes).

La résistance visible de la bouche correspond au défaut d'engagement du postérieur à l'appui. Les membres au soutien sont corrects.

Le cavalier a les talons en l'air. La position de son buste est meilleure que sur la photo précédente.

V   IV

IV. — La résistance à la main diminue, le postérieur à l'appui s'est avancé, mais la croupe est trop haute, le rein trop creusé. L'antérieur à l'appui s'est posé trop en avant.

Les talons du cavalier sont encore plus en l'air : son buste, en retard sur le mouvement, rejeté en arrière, contribue au creusement du rein.

V. — La résistance a encore diminué ; sans avoir cessé, comme le prouvent l'inclinaison des branches du mors et le bâillement de la mâchoire.

L'attitude générale est meilleure. Le ramener, la flexion du rein sont presque corrects. Le postérieur à l'appui n'est pas encore assez avancé sous la masse, et insuffisamment fléchi. Au contraire, le postérieur au soutien est exagérément fléchi et relevé, sans doute sous l'influence d'un éperon trop en arrière et trop haut. L'antérieur à l'appui est bien placé, l'antérieur au soutien est insuffisamment relevé et fléchi au genou.

Le cavalier est très mal placé, assis trop en arrière, le buste en retard sur le mouvement, les genoux et les talons remontés.

PASSAGE

ISSU

DU TROT

I   II   III

Le passage obtenu en partant du trot prend souvent une forme plus étendue que celle du passage pris sur le piaffer, même chez un cheval commencé par le piaffer, mais il est alors facile d'en modifier le style pour se rapprocher du style classique.

I. — Le cheval est dans son trot naturel, sans rassembler. Par défaut naturel, les postérieurs s'y élèvent toujours plus haut que les antérieurs quand le cavalier n'intervient pas pour modifier cette défectuosité d'allure très sensible.

Il. — La mise en main modifie cette différence d'élévation, mais, obtenue trop basse, elle est insuffisante pour l'inverser.

III. — L'inversion est obtenue, mais par abaissement du postérieur, et non, comme il conviendrait, par relèvement de l'antérieur.

IV   V

IV. — L'antérieur se relève, mais le postérieur à l'appui n'est pas suffisamment engagé, d'où perte de la mise en main et du ramener.

V. — Le passage se rapproche, sans l'atteindre, du type classique. Son attitude générale est correcte, mais l'élévation de l'antérieur est insuffisante, et d'ailleurs encore diminuée par la photo qui n'est pas de plein profil.

Le cavalier bénéficie au contraire de cette obliquité, qui lui donne l'apparence d'une position relativement correcte.

CHAPITRE VIII

PIAFFER — PASSAGE

OUVRAGES A CONSULTER

GÉNÉRAL FAVEROT DE KERBRECH, RAABE, GERHARDT.
J.-B. DUMAS, STEINBRECHT.

Dans les allures sautées, la poussée de chacun des postérieurs déplace le corps du cheval à la fois en avant et de bas en haut. On peut donc distinguer dans cette poussée un effort de propulsion horizontale et un effort de projection verticale.

Lorsque le cheval augmente ce dernier, et amplifie en conséquence le temps de suspension de sa masse, son trot tend vers le passage.

Il peut développer cet effet de projection au détriment de celui de progression et diminuer ainsi *l'étendue* de ses enjambées. Mais il peut aussi, en augmentant la dépense d'énergie de ses postérieurs, augmenter son effort de projection sans diminuer celui de progression, et même en l'augmentant aussi, et peut conserver à ses foulées leur étendue, ou l'amplifier tout en augmentant leur hauteur.

Le passage est caractérisé par la surélévation et la prolongation de la suspension de la masse, quelle que soit l'étendue des foulées du cheval.

La forme du passage peut donc être infiniment variée, comme la proportion de la hauteur des battues à leur étendue **(1)**.

Dans le *trot d'école*, qui peut être considéré comme un acheminement vers le passage, l'augmentation du temps de suspension est à peine sensible, et le relèvement de l'allure résulte presque uniquement de celui du jeu des membres, qui se troussent plus énergiquement que dans le trot ordinaire.

Dans ce que les anciens appelaient le « doux passage», la suspension augmente *au détriment de l'étendue* des foulées. L'allure se raccourcit en se cadençant.

---

(1) Une de ces formes est plus naturelle à chaque cheval que toutes les autres, suivant sa conformation. Les autres peuvent lui être enseignées, et même lui devenir familières par l'exercice, mais leur développement n'atteint jamais le degré de perfection dont la première est susceptible. Chaque cheval a « son » passage.

Dans le *trot passagé*, un surcroît d'énergie des postérieurs permet au cheval d'élever ses battues sans les raccourcir (et même en les allongeant).

Le *passage* proprement dit se place entre le « doux passage » et le « trot passagé », sans qu'il soit possible d'assigner des limites précises à ces *variétés d'un même air*, qui s'enchaînent étroitement.

A mesure que l'étendue des foulées du passage diminue, cet air tend vers celui du *piaffer*, qui n'est que le passage sur place.

Enfin le cheval peut passager d'avant en arrière, en reculant à chacune des battues successives de cet air.

Forme du passage. - Les anciens ont laissé sur la forme du passage classique les indications suivantes :

- L'étendue moyenne de ses foulées doit être environ un pied (0 m 33).

- La pince de l'antérieur au soutien doit s'élever jusqu'au milieu du canon de son congénère. Celle du postérieur, jusqu'au-dessus du boulet seulement.

- Dans le piaffer, l'élévation des membres doit être très sensiblement plus accusée : milieu du *genou* pour la pince antérieure, milieu du canon pour la pince postérieure.

Il faut observer que ces mesures s'appliquent au type des chevaux employés au Manège par les Anciens : Navarrins, Andalous, Limousins, tous « bâtis en montant », et « portant naturellement haut». De plus, les écuyers les choisissaient parmi ceux qui avaient le plus « de genou », c'est-à-dire dont l'action était particulièrement relevée et arrondie. La forme de leur passage en était influencée, comme elle l'était aussi dans le même sens par la préparation dans les piliers, où les chevaux étaient plus « assis » que dans la nôtre.

La plupart des chevaux dont nous disposons actuellement sont d'un modèle bien différent.

Passage et piaffer, d'après Parrocel (illustrateur de l'Ecole de Cavalerie de la Guérinière).

L'introduction du sang anglais dans l'élevage, et la sélection par la vitesse ont profondément modifié leur structure. La direction d'ensemble de leur dessus s'est abaissée par devant. La recherche de la «rasance» dans les allures a allongé les avant-bras, et descendu les genoux. L'action naturelle s'est étendue, et abaissée.

Cette modification profonde des allures naturelles ne peut être sans influence sur la forme des airs qui en découlent, et les « mesures » fixées par les anciens pour leurs chevaux ne sauraient s'appliquer exactement aux nôtres.

Il semble bien, par exemple, que les chevaux des anciens - d'après les indications ci-dessus - avaient tendance à piaffer plus haut qu'ils ne passageaient, sans doute à cause de la disposition de leurs angles articulaires. Actuellement c'est l'inverse pour la grande majorité de nos chevaux.

On peut encore observer sur toutes les gravures anciennes que l'angle au genou restait nettement inférieur à 90° dans la plupart des cas. Pour nos chevaux, lorsque, dans le plus grand développement du passage, l'avant-bras parvient à l'horizontale, il est extrêmement rare que le canon se place en arrière de la verticale, et il reste même très souvent un peu en avant de celle-ci, même au piaffer.

Baucher, dans sa première manière, où il érigeait en principe l'horizontalité absolue du cheval, donnait aux postérieurs la même élévation qu'aux antérieurs dans le passage et le piaffer. Il est surprenant qu'il ait persisté dans cette prescription de l'égalité de hauteur des membres, après avoir, dans sa dernière manière, prescrit le relèvement du devant, ainsi qu'une disposition d'ensemble du corps du cheval qui se rapproche beaucoup de l'attitude donnée à leurs chevaux par les anciens. Il est logique que l'élévation relative des antérieurs et des postérieurs cor-

Passage pris naturellement par un cheval-de pur sang sous l'influence d'une excitation.

responde à celle de l'avant et de l'arrière-main, et que le mouvement des antérieurs conserve une prédominance sur celui des postérieurs quand il en est ainsi pour l'élévation de l'avant par rapport à l'arrière-main.

Par l'ensemble des observations qui précèdent, on est conduit à penser que le cavalier doit pouvoir, au moyen de ses aides, transformer le trot en passage en imposant au cheval un certain degré d'énergie dans la poussée de son arrière-main, et une disposition d'ensemble qui provoque la défense de cette énergie plus *en l'air* qu'en avant.

Mais dans la pratique, les indications du cavalier obtiennent rarement d'emblée ce résultat.

C'est que le soulèvement de la masse, dont résulte la phase de suspension du passage, dépend, d'une part, de la verticalité du postérieur au moment de sa détente, et, d'autre part, de l'avance des hanches vers le centre de gravité du cheval au même moment. (Voir 1° partie, chapitre: le Rassembler.)

Le cheval qui a passé sans enjambement par tous les exercices de la progression exposée ici, assoupli dans sa colonne vertébrale et dans ses articulations, confirmé dans la mise en main et dans le ramener, peut être aisément placé et maintenu dans l'attitude d'ensemble qui devrait provoquer le passage.

Ce qui l'en empêche généralement, c'est son inaptitude à « détendre» ses postérieurs quand ils sont placés près de la verticale, au maximum de leur flexion pendant l'appui (1).

Dans toutes les allures naturelles, les postérieurs terminent leur poussée quand ils sont placés *en arrière* de la verticale, d'autant plus loin que l'allure est plus allongée. Pour ralentir «naturellement », le cheval diminue *l'intensité* de sa poussée bien plus que l'inclinaison du postérieur qu'il dégage.

Quand le cavalier prétend obtenir du cheval qu'il maintienne, et même augmente cette détente, tout en la fournissant bien avant l'instant où il le fait d'ordinaire, le cheval hésite, tâtonne, et rencontre toutes les difficultés inhérentes, pour un être animé, à l'exécution d'un geste inusité.

Il arrive assez vite, le plus souvent, à *détacher*, à *soulever* son postérieur avant le temps normal, mais en supprimant plus ou moins complètement sa poussée - l'allure se ralentit, mais s'éteint sans se cadencer.

Mettre le cheval au passage, en partant du trot, c'est rétablir d'abord, et développer ensuite cette poussée au moment du lever *anticipé* de chaque postérieur. Quand cette anticipation du lever du postérieur l'amène à coïncider avec le moment où ce membre est exactement à la verticale, le passage est transformé en piaffer.

Mettre le cheval directement au piaffer, sans passer par le passage, c'est, en le maintenant sur place assez rassemblé pour que les postérieurs soient verticaux, apprendre à chacun d'eux d'abord à se soulever, puis, peu à peu, à le faire *en projetant* la masse de bas en haut, jusqu'à ce qu'elle se détache nettement entre les poussées alternées des deux membres.

Quand ce résultat est atteint, la transformation du piaffer en pas-

---

(1) Remarquer qu'au pansage le cheval donne très facilement celui de ses postérieurs qui est le plus en arrière, et difficilement l'autre.

sage s'opère par un avancement du centre de gravité, qui oriente le déplacement de la masse non plus seulement de bas en haut, mais à la fois en haut et en avant.

On voit donc que la «stylisation» du trot d'où résulte l'ensemble des airs d'école issus de cette allure peut être abordée, en quelque sorte, par les « deux bouts » de la série qui les contient.

Chacune de ces deux manières de faire a ses avantages et ses inconvénients et convient mieux que l'autre à la préparation de chaque cheval.

Les chevaux dressés d'abord au passage conservent généralement plus *d'ampleur* dans les mouvements, mais il faut une progression extrêmement minutieuse pour les amener jusqu'au piaffer sans provoquer l'irrégularité de l'allure quand le ralentissement s'accentue, et les « sauts de pie » dès que le cheval cesse complètement d'avancer.

En revanche, ces chevaux repartent en général facilement et énergiquement du passage sur place au passage en avançant.

Les chevaux dressés d'abord au piaffer conservent souvent plus de *tride* que les précédents, mais ils développent moins facilement leur action d'arrière en avant dans le passage. Ils « retournent » aisément du passage issu du trot au piaffer, mais «démarrent» plus difficilement du passage sur place au passage en avançant.

En général, la recherche directe du passage *avant* celle du piaffer convient plus particulièrement aux chevaux qui, par disposition naturelle, marquent nettement les temps de suspension du trot, qui ont « la croupe légère», des allures naturellement enlevées, et qui se mobilisent facilement en place.

La recherche directe et préalable du piaffer convient mieux, au contraire, pour les chevaux dont la croupe *pousse* plus qu'elle ne *soulève*, dont les allures sont rasantes, et qui sortent malaisément de l'immobilité en station.

Quel que soit l'ordre dans lequel le passage et le piaffer sont recherchés, la plus grande difficulté que rencontre le dresseur dans ce travail est toujours la *transition* de l'un à l'autre, « leur raccordement », dont la perfection donne à leur ensemble la plus grande partie de sa valeur artistique.

Il y a, pour cette raison, presque toujours avantage à commencer la « stylisation » du trot par *les deux bouts* à la fois, c'est-à-dire en même temps par le passage et le piaffer, quitte à donner plus de temps et de soin à celui qu'il importe le plus de développer suivant le cheval à dresser, et à s'efforcer, dès le début du travail, de faire «dériver» chacun d'eux vers l'autre.

Dès qu'un peu de cadence se dessine sur place, il faut porter le cheval souvent en avant, en s'efforçant de conserver cette cadence, au moins en partie. Dès que la suspension augmente suffisamment au trot pour esquisser le passage, le ralentissement de l'allure dans la même cadence doit être entrepris - avec prudence.

Cette recherche du « raccordement » des deux airs doit primer pendant très longtemps celle du développement de leur hauteur.

PIAFFER, PASSAGE

Capitaine J.-8. Dumas

Passage issu du trot

(Il convient d'observer que le cheval a été préalablement dres,sé
au pas diagonal à extensions soutenues)

Le surcroît d'action imposé par les jambes à un postérieur et
l'allègement simultané de l'épaule opposée en diagonale, permettent -
théoriquement - de prolonger le soutien de ce diagonal, et la combi-
naison symétrique des aides opposées doit également permettre d'obtenir
le même résultat pour l'autre diagonal.

L'espacement (dans le temps) de l'application de ces deux combi-
naisons d'aides doit aussi provoquer celui des battues, qui différencie
le passage du trot.

Il est de fait que, dans la pratique, le cheval ainsi placé « dans la
balance des talons et des mains » tend à régler peu à peu sur elle la
cadence de son allure. Mais il y parvient fort lentement, et le résultat
final reste souvent limité.

L'attention du cheval est en effet dispersée par ces indications
successives en sens inverse, et trop rapprochées pour qu'il ait le *temps*
de donner à l'une un commencement d'exécution avant que l'autre ne
vienne agir en sens opposé.

Il reste longtemps hésitant, et ne finit par se livrer que timidement
dans une mesure restreinte par sa perplexité.

Le dresseur peut remédier efficacement à cette difficulté en décom-
posant ses exigences, et en les appliquant seulement à un diagonal à la
fois.

Pour les débuts, l'attention du cheval est ainsi fixée plus facilement,
et la répétition d'une indication qui reste unique l'éclaire mieux sur le
sens de celle-ci. Il peut ainsi rechercher plus facilement les dispositions
musculaires et articulaires qui lui permettent de s'y conformer sans se
préoccuper d'avoir subitement à en prendre d'autres entièrement oppo-

sées. Le cavalier se fait donc plus rapidement comprendre, et le cheval est plus vite à même d'obéir.

Plus tard, dans le perfectionnement de l'air, le même procédé donnera, pour les mêmes raisons, des résultats plus rapides et plus étendus, pour le *développement* des gestes.

De plus, cette décomposition présente encore un avantage capital . elle permet de combattre l'inégalité qui se rencontre si souvent dans le jeu des diagonaux, et de rétablir la symétrie parfaite de leurs mouvements.

Toutefois le cavalier doit se garder de persister longtemps dans la localisation unilatérale de cette gymnastique, et s'efforcer de « marier » le plus tôt possible les progrès obtenus isolément dans chaque diagonal.

Pour travailler isolément un diagonal, on peut en maintenant le cheval droit, activer le postérieur de ce diagonal par des actions de jambes successives, et marquer des demi-temps d'arrêt également successifs sur l'épaule du même côté que le postérieur, pour dégager l'autre épaule.

Mais l'effet ainsi produit se localise encore bien mieux si, au lieu de laisser le cheval droit, on lui donne une inflexion appropriée au but poursuivi. Le cheval infléchi tend naturellement à engager le postérieur de son côté concave, et à dégager l'épaule de son côté convexe. La Guérinière donne comme mesure moyenne de cette inflexion, dans l'étude du passage, le « demi-pli», c'est-à-dire celle qui correspond sensiblement à l'attitude de « l'épaule en dedans», mais il ajoute qu'elle peut être accusée jusqu'à celle des « deux bouts en dedans».

Le cavalier cesse, *bien* entendu, de recourir à cette incurvation dès qu'elle devient inutile, et s'efforce d'obtenir peu à peu du cheval de moins en moins incurvé, et finalement redressé, une ou deux battues développées - une plutôt que deux - de chacun des deux diagonaux isolément.

En rapprochant ses demandes alternatives, le cavalier arrive finalement à obtenir deux battues successives alternées et développées chacune par un diagonal différent, et à faire ainsi naître la cadence. Par l'exercice, il arrive à la conserver pendant un nombre de battues de plus en plus grand, et il réduit peu à peu les actions d'aides qui les provoquent, en particulier celles de la main, jusqu'à ce que la pression alternative de chaque pied sur l'étrier suffise à maintenir la cadence pendant une vingtaine de battues environ, sans intervention de la main.

Il est, à ce moment, non seulement inutile, mais contre-indiqué de chercher à augmenter la *hauteur* du passage, mais il est au contraire indispensable de rechercher et de poursuivre le maintien de la cadence sur les changements de vitesse, et tout particulièrement *sur les ralentissements,* c'est-à-dire de préparer de longue main la transition future du passage au piaffer.

Pratique. - Après une bonne leçon au trot, dans la mise en main parfaite, sur une et sur deux pistes, et l'exécution particulièrement soignée de variations *marquées de vitesse,* le cavalier engagera son cheval dans un trot d'école énergique, sur un cercle à gauche, par exemple, d'une dizaine de mètres de diamètre.

Placé sur le cercle à gauche, le cheval est dans la nécessité de faire de plus grandes enjambées de l'antérieur droit que du gauche, et son postérieur gauche est plus engagé que le droit. L'inflexion circulaire gauche est donc déjà, par elle-même, favorable au développement du jeu du diagonal droit.

Peu à peu, le cavalier augmentera cette inflexion à gauche par un soupçon d'épaule en dedans (1).

La rêne gauche très légèrement écartée accentuera le placer latéral de ce côté, et attirera l'antérieur gauche vers l'intérieur du cercle, de manière que ses posers successifs s'effectuent à quelques centimètres plus à gauche que précédemment.

La rêne droite, enveloppant l'encolure, agira par pression de droite à gauche, pour amener le poids du bout de devant sur l'épaule gauche.

Le talon gauche, affermi à hauteur de la sangle, maintiendra l'incurvation du corps et l'engagement du postérieur gauche, tandis que le talon droit, en surveillance à sa place normale, se tiendra prêt à arrêter toute tentative d'évasion du postérieur droit de dedans en dehors.

Quand le cheval est bien installé dans cette attitude, le cavalier transforme peu à peu ses indications *continues* en actions *intermittentes,* réglées sur les *posers* du diagonal *gauche.*

Il interrompt en même temps la simultanéité de ces indications, et décompose peu à peu leur ensemble d'après le «comportement» du cheval. Si, par exemple, celui-ci, naturellement énergique et allant, maintient vaillamment son impulsion, les jambes, sans modifier leur position, deviennent passives, et les mains agissent seules, Mais le jeu lui-même de ces dernières doit aussi être décomposé. Si, par exemple, le cheval cède avec légèreté à la rêne gauche, et «décolle» aisément son antérieur gauche vers l'intérieur du cercle, l'action de cette rêne sera progressivement amenuisée, tandis que l'effet d'appui de la rêne droite sur ce même antérieur gauche sera marqué plus franchement par pesées successives à l'instant de son poser, prolongées pendant toute la durée de son appui, avec tendance, au besoin, à dépasser insensiblement cette durée.

Cette action détermine plus ou moins rapidement dans le jeu des antérieurs une dissymétrie, marquée d'abord plutôt par le rétrécissement du jeu de l'antérieur gauche que par l'élargissement de celui de l'antérieur droit, et il arrive souvent que le postérieur gauche perde en même temps de son activité.

---

(1) Le degré d'inflexion utile varie avec chaque cheval, et pour le même cheval suivant ses réactions du moment. C'est ainsi, par exemple, que le cavalier peut être amené à accentuer l'incurvation jusqu'aux « deux bouts en dedans • avec un cheval qui persiste à échapper du postérieur externe. Mais un pareil degré d'inflexion nuit fortement à l'impulsion, et son emploi ne peut être que momentané, pour répondre à une résistance qui ne peut être que fortuite et passagère, si le dressage du cheval est réellement au point qui permet la recherche du passage.

Alors, l'action, ou la prépondérance d'action passe aux jambes. Si c'est l'impulsion du cheval qui fléchit dans son ensemble, leur action simultanée devra d'abord la rétablir. Puis, si c'est l'activité du postérieur gauche qui diminue surtout, le talon gauche prendra le rôle principal, qui reviendrait au talon droit si c'était le postérieur de ce côté qui faiblissait dans son énergie, ou qui tentait de s'échapper hors du cercle.

Pour se faire encore mieux comprendre, le cavalier trouvera toujours avantage, surtout si le cheval a reçu les leçons du travail à la main, à utiliser l'action de la cravache sur l'épaule droite à chaque poser de l'antérieur gauche - et même un peu avant - ainsi qu'à prendre le trot enlevé sur le pied droit.

Sous l'influence, tantôt simultanée, tantôt alternative de ces différentes actions des aides, le cheval développera peu à peu le jeu de son diagonal droit, plus ou moins rapidement et plus ou moins amplement - compte tenu de ses dispositions naturelles - suivant le tact et l'habileté du dresseur.

Les moindres tentatives appréciables d'obéissance doivent être immédiatement encouragées, mais le cavalier doit toujours limiter leur succession immédiate à deux ou trois battues au plus, et le ramener à une ou deux, et plutôt à une qu'à deux pour le même diagonal. *Il est en effet de la plus grande importance que le cheval n'aille pas prendre l'habitude de persister dans cette dissymétrie,* sous peine de difficultés sérieuses quand l'association de deux battues *alternées* successives de chacun des diagonaux sera recherchée.

En conséquence, aussitôt que le cavalier obtiendra une ou deux élévations nettement accentuées du diagonal droit, il abandonnera le cercle à gauche, et reprendra le même travail en cercle à droite, pour le diagonal gauche.

Ce travail tantôt à droite, tantôt à gauche, doit être réglé et réparti de manière à obtenir le plus de symétrie possible des deux côtés, et il y a toujours avantage à commencer par le moins actif, pour combattre dès le début toute dissymétrie congénitale ou acquise, éviter de l'aggraver, et, au contraire, la réduire.

Quand sur chaque cercle, choisi alors tangent à un grand côté, le cavalier obtient facilement l'enlever du diagonal externe, il prend la piste à son point de tangence avec le cercle, et demande sur la ligne droite l'enlever du même diagonal, en conservant d'abord au cheval l'incurvation qu'il avait sur le cercle. Peu à peu, il diminue cette incurvation jusqu'à ce que le cheval, parfaitement droit, donne, aussitôt qu'il en est sollicité, une ou deux - toujours plutôt *une* que *deux* - battues du côté du mur, à chaque main (1).

---

(1) L'insistance répétée du cavalier sur plusieurs battues successives au trot ordinaire, sur le *même* diagonal, conduit souvent le· cheval à fournir, dès qu'il a compris, *plusieurs* battues élevées successives de ce même diagonal. Il faut éviter de l'en gronder, de crainte qu'il ne cesse complètement de livrer ce diagonal, mais aussi de l'y encourager. Il faut rendre le plus vite possible, aussitôt après la première, et *ignorer* tranquillement les suivantes, qui disparaissent peu à peu.

Il faut ensuite quitter la piste, et sur des lignes droites orientées en tous sens, demander au cheval de livrer alternativement à des intervalles d'abord peu rapprochés, chacun de ses deux diagonaux séparément. Ce travail doit être poursuivi en réduisant peu à peu les actions de la main, marquées seulement par un serrement des doigts opportun sur l'une ou l'autre rêne, suivant les dispositions du cheval, jusqu'à ce que l'élévation d'un diagonal s'obtienne sur la seule indication du talon opposé, la main restant fixe et passive.

On peut alors, en rapprochant les indications des talons, arriver assez facilement à obtenir deux élévations alternées successives de chacun des diagonaux, mais il est bien préférable de recourir une fois de plus à la facilité que le cercle fournit au cheval pour le développement de son diagonal externe.

A cette fin, le cavalier engage son cheval sur une piste parallèle au mur, à quelque distance de celui-ci, à main *gauche* par exemple, et sollicite seulement le déploiement du diagonal *gauche* toutes les trois ou quatre battues. Profitant des bouts du manège, il arrondit peu à peu son parcours en persistant dans la demande de déploiement du diagonal *gauche* et, finalement, maintient le cheval en cercle à gauche, où le cheval ne tarde pas à livrer facilement ce même diagonal.

Comme le cheval sait déjà très bien, sur ce cercle à gauche, livrer son diagonal externe *droit*, la succession d'une battue élevée de ce diagonal à une battue élevée de l'autre s'obtient avec le minimum de difficulté, en passant *sans brusquerie* d'une demande à l'autre.

Quand le cheval exécute facilement deux battues élevées et alternées en commençant par le diagonal *interne* - le plus difficile - le cavalier en demande trois, en commençant par l'externe.

Ce luxe de minutie dans la progression, qui peut être indispensable avec les chevaux agités et brouillons, n'est pas toujours nécessaire. Souvent, quand le cheval a appris *d'abord* à livrer son diagonal externe, et, *ensuite*, l'interne, il prend de lui-même l'initiative d'alterner plusieurs battues élevées, et s'embarque dans un commencement de passage, parfois inégal, mais qu'il est facile de régulariser, en utilisant les courbes opposées d'une serpentine, ramenée peu à peu à la ligne droite par aplatissement des courbures.

En tout cas, dès que le cheval sait élever trois battues alternées successives, en commençant aussi bien par l'un que par l'autre des diagonaux, il est « virtuellement » au passage. Pour l'y amener pratiquement, le cavalier s'attachera d'abord, et uniquement, à la régularisation parfaite de l'air sur le droit, sur toutes les courbes, et sur deux pistes.

Il faut éviter avec le plus grand soin, dans cette période, de chercher à augmenter la *hauteur* du passage, qui doit au contraire s'effectuer avec le minimum d'efforts, dans la forme du « doux passage».

Dès que la cadence se conserve facilement pendant le travail de deux pistes, où la main doit arriver à déterminer presque seule le déplacement latéral (voir chapitre du travail de deux pistes au trot), il faut commencer à ralentir progressivement le passage, pour l'acheminer peu à peu vers le piaffer.

Ce travail réclame la plus grande modération dans les exigences, et l'observation attentive du cavalier, qui doit éviter à la fois la *précipitation* des battues (leur rapprochement dans le temps) et l'amoindrissement de *l'élévation* de celles-ci.

Le ralentissement sera demandé par la main seule, au moyen de demi-arrêts légers appliqués sur chaque antérieur avant le moment de son poser, interrompus dès que la cadence ou l'élévation fléchissent, et remplacés alors sur-le-champ par la seule action des jambes.

Pour éviter les illusions, il faut prendre des points de repère et compter d'abord exactement le nombre des battues effectuées à la vitesse primitive entre ces points - 10 battues, par exemple. Si, après deux ou trois leçons de ralentissement, le cheval effectue sur le même trajet 11 ou 12 battues parfaitement égales aux précédentes en *élévation*, et séparées par le même espace de temps que celles-ci, le résultat obtenu doit être considéré comme très satisfaisant.

Ce travail doit être mené concurremment avec celui de deux pistes. Les progrès obtenus dans l'obliquité progressive de l'appuyer sur le droit, et surtout sur les courbes la croupe en dedans, facilitent beaucoup ceux du ralentissement.

PIAFFER

Quand le cheval a reçu les leçons du travail à la main exposé plus loin, il doit déjà savoir trotter, sinon passager, *sur place*, à la main et sans cavalier, avant que ce travail ne soit entrepris en selle par le dresseur.

Si le dresseur dispose d'un aide habile, il peut l'utiliser pour apprendre au cheval à piaffer sous ce cavalier d'abord entièrement passif, qui substituera peu à peu ses indications à celles du dresseur.

En tous cas, et même dans ce dernier, le dresseur une fois en selle fera bien de reprendre de bout en bout la progression ci-dessous, qui est entièrement indispensable si le cheval n'a pas reçu le dressage à la main.

N.B. - La progression de dressage au piaffer que j'ai exposée dans une brochure publiée il y a dix-huit ans, ne présente pas de différences essentielles avec celle qui suit, mais elle ne lui est pas absolument identique pour la raison suivante :

La première était destinée au groupe de chevaux français préparés à cette époque en vue des épreuves internationales de dressage, et rédigée de manière à s'adapter le plus exactement possible au degré et à la forme de cette préparation au moment où l'étude du piaffer pouvait être abordée par leurs cavaliers.

Celle qui est développée ci-dessous est destinée aux chevaux qui ont suivi entièrement la progression exposée dans les chapitres précédents,

BAUCHER

Le Général Wattel, alors Ecuyer en chef de Saumur

Passage (Rempart)

Passaya, (Clough-Bank)

Piaffer (Rempart)

Piaffer (Clough-Bank)

Comte de REGENTHAL

Passage (Obr.-Br. Gebhard!)

Passage (Obr.-Br. Lindenbauer)

Piaffer (Obr.-Br. Lindenbauer)

Piaffer (Obr.-Br. Meixner)

STEINBRECHT

Passage (Prof. Lorke)

Passage (Lt.-Cl. Gerhardt)

Piaffer (Prof. Lorke)

Piaffer (Général von Holzing)

orientée plus spécialement en vue d'écarter ou de réduire certaines difficultés inhérentes à l'étude des airs d'école issus du trot.

Pour obtenir le trot sur place, il faut déterminer :
- la mobilisation des membres sans déplacement horizontal, par paires diagonales ;
- la suspension de la masse dans les battues des diagonaux.

On peut rechercher l'une et l'autre à la fois, en s'efforçant de provoquer la naissance d'un trot régulier, et d'intercepter en même temps son développement horizontal, mais c'est un travail délicat, qui présente avec certains chevaux de grosses difficultés, et donne souvent de médiocres résultats.

On peut en obtenir presque sûrement de meilleurs, et éviter certainement les difficultés les plus graves par l'utilisation préalable d'exercices gymnastiques appropriés.

La transition directe de l'immobilité au trot, même sans opposition à son développement horizontal, est déjà souvent difficile à obtenir de certains chevaux, et elle l'est toujours, avec tous les chevaux, quand le cavalier prétend leur interdire en même temps la progression.

Le mouvement des membres obtenu n'est la plupart du temps qu'un trépignement irrégulier, sans rapport avec l'action du trot. Or, la transition du reculer au trot, quand le reculer est correct et aisé, bien entendu, se fait au contraire sans rupture des diagonaux, aussi nettement établis dans la marche rétrograde régulière que dans l'allure du trot. Au moment du changement de sens de la marche, qui doit bien entendu s'exécuter sans précipitation, l'alternance diagonale, si difficile à faire naître de pied ferme, persiste au contraire naturellement d'elle-même au « point mort » entre les mouvements en arrière et en avant.

Il en est de même pour les temps de suspension de la masse, qui ne peuvent d'ailleurs être obtenus qu'après la diagonalisation parfaite des battues.

Quand on procède directement et sans préparation à cette recherche des temps de suspension, il arrive d'abord le plus souvent que les efforts alternés des postérieurs sont inégaux, et provoquent en conséquence l'inégalité des soutiens successifs du corps, allant quelquefois presqu'aux « sauts de pie », qu'il est bien difficile de faire disparaître par la suite.

Mais il arrive encore plus fréquemment que l'effort des postérieurs se localise dans l'arrière-main, sans atteindre l'ensemble du corps. La *croupe* est soulevée sans que l'avant-main se détache du sol. Non seulement la forme du futur.piaffer en est rendue très défectueuse, mais la transition ultérieure du piaffer au passage en devient très difficile. Or, le cheval qui sait passer sans bousculade du petit trot au reculer conserve les temps de suspension de sa masse beaucoup plus facilement et plus longtemps dans cette transition que dans celle du trot à l'arrêt, où ils cessent bien avant ce dernier.

Dans la première, la suspension, assurément faible, reste bien égale pour l'avant et l'arrière-main, elle persiste aisément jusqu'au point mort du changement du sens de la marche, et souvent même au-delà, jusqu'aux premières battues rétrogrades. Le cheval y prend tout seul, de lui-même, l'habitude de la suspension dans la cadence sans déplacement horizontal, à vitesse nulle.

La gymnastique préparatoire favorable à la création spontanée, automatique, si l'on peut dire, des éléments du piaffer consiste donc dans l'alternance du petit trot avec le reculer, et réciproquement. Dans chacun des deux sens, la vitesse doit être nécessairement le plus faible possible, et réduite à celle qui, dans le reculer, assure le maintien de la diagonalisation, et, dans le trot, celui des temps de suspension.

L'étendue des parcours dans les deux sens est également à réduire dans le même esprit, et c'est la fréquence des passages au « point mort», dans les changements de sens du déplacement horizontal, qui cadence peu à peu le cheval dans l'allure à vitesse nulle. Dès que la cadence du trot reste marquée nettement aux environs du « point mort», il faut dépasser celui-ci le moins possible *en arrière*, recourir de moins en moins au reculer, et modifier ainsi peu à peu l'exercice précédent en celui qui constitue la base du piaffer : « passer de l'arrêt au trot et du trot à l'arrêt», *l'arrêt ne comportant jamais l'immobilité*, mais au contraire la persistance régulière des mouvements diagonaux.

Dans tous les cas, toutes les reprises de ces exercices doivent être terminées par un mouvement en avant énergique précédant le repos. Le travail doit être mené de telle façon que le cheval en arrive à considérer l'activité sur place comme toujours provisoire, et invariablement suivie d'une progression nette, cadencée ou non suivant l'ampleur et le mode des concessions de la main du cavalier.

Quand le cheval exécute facilement et régulièrement quelques battues de *trot* sur place, sans cesser un instant de manifester le désir impérieux et persistant de transformer cette allure en trot *en avant* au moindre abaissement de la barrière fermée devant lui par son cavalier, il est temps de rechercher le véritable piaffer, qui n'est pas le *trot*, mais bien le *passage* sur place. Il faut procéder à l'amplification des gestes et des phases de suspension que réclament le piaffer comme le passage.

Avant d'étudier les moyens d'obtenir cette amplification, il est toutefois nécessaire d'observer que *le moment* de l'air qui convient pour cette étude est loin d'être indifférent. L'expérience montre en effet que *la transition* entre le piaffer et le passage, ou inversement, provoque presque toujours un abaissement marqué des gestes, et un affaiblissement sensible des phases de suspension. Plus les gestes sont élevés au piaffer et au passage, plus leur abaissement est sensible au moment de la transition de l'un à l'autre. Il est donc contre-indiqué de chercher à *relever* les gestes du piaffer au moment où il est stabilisé ; on ne ferait ainsi qu'accroître une différence qu'il s'agit de réduire.

Il convient au contraire de provoquer chez le cheval la tendance inverse, de partir par exemple d'un piaffer *peu* élevé dans la stabilisation pour déterminer *en même temps* le démarrage et le relèvement des gestes.

C'est au moment des transitions d'un air à l'autre qu'il faut rechercher l'amplification des gestes, tout au moins dans les premiers temps de cette recherche.

L'amplification du développement d'un diagonal dépend, d'une part, de celle de la poussée de l'arrière-main, et, d'autre part, de l'allègement de l'épaule de ce diagonal. Quand ce diagonal a quitté le sol, son postérieur n'est plus en mesure d'influer sur le développement de son mouvement, mais *l'autre* postérieur est au contraire à même de pousser la masse, et d'amplifier le déplacement du diagonal au soutien.

L'action du talon opposé au diagonal *(gauche* pour le diagonal *droit)* détermine surtout le mouvement *initial* de ce diagonal, en actionnant directement le relèvement et la flexion de son postérieur, mais une fois le diagonal «lancé», c'est l'action du talon «direct» *(droit* pour le diagonal *droit),* qui peut amplifier sa trajectoire. L'emploi des deux talons est donc nécessaire pour le développement du geste, et il doit être nuancé suivant le but immédiat poursuivi par le cavalier. Simultané, et d'intensité égale des deux côtés, cet emploi influe sur l'ensemble du développement de l'action.

La prédominance du talon gauche (pour le diagonal droit) agit plus particulièrement sur la flexion du postérieur gauche, et sur *l'élévation* qui en résulte. La prédominance du talon droit, pour le même diagonal, agit sur la prolongation et *l'extension* du mouvement.

Cette prédominance d'un talon peut aller jusqu'à l'action isolée, suivant les besoins du moment, en tenant compte de ce que l'action du talon gauche est effective surtout *avant* le lever du diagonal, et celle du talon droit *après* ce lever, *pendant* le *soutien* du diagonal droit.

Le talon gauche tend à relever l'action, le droit à la prolonger et à l'étendre.

Quant à l'allègement de l'épaule de ce diagonal, il s'obtient par l'action de la main faisant porter davantage le poids du bout de devant sur l'épaule opposée.

L'appui de la rêne droite, par exemple, charge plus ou moins l'épaule gauche, et décharge d'autant la droite à condition, bien entendu, que le cheval *cède* à cette action, et « se livre » suivant l'indication du cavalier.

La mesure et la forme de l'effet produit par cet appui de la rêne varient suivant l'attitude de l'encolure. Plus elle est haute et ramenée, plus le transport de poids est accusé.

Sa rectitude, ou son inflexion ont d'autre part un effet particulièrement marqué sur la nature de l'effet produit.

Quand l'encolure est concave du côté de l'appui de rêne, et quand le cheval est, par exemple, placé à *droite,* le transport de poids à gauche produit par l'appui de la rêne *droite* est maximum, et se propage souvent jusqu'au postérieur gauche. Il diminue quand l'encolure est droite (sans incurvation), et diminue encore quand l'encolure est infléchie à gauche, le cheval étant placé de ce côté.

Mais l'effet de la rêne d'appui ne se borne pas à ce transport de poids, et il influe également d'une manière très marquée sur la forme du geste de l'antérieur allégé.

Quand l'encolure est concave du côté de l'appui de la rêne droite, tous ses muscles droits sont plus ou moins détendus, et il en est ainsi tout particulièrement pour le mastoïdo-huméral.

Le cheval tend alors à *relever* le *genou* plutôt qu'à étendre l'épaule.

Lorsqu'au contraire l'encolure est convexe à droite, le cheval étant placé à *gauche*, les muscles du côté droit de l'encolure sont plus ou moins tendus.

Le genou *s'élève* moins, mais l'épaule et le membre antérieur *s'étendent* davantage.

L'incurvation de l'encolure met donc à la disposition du cavalier le moyen soit de relever, soit d'étendre le geste de l'antérieur du diagonal à développer, mais l'efficacité de ce moyen est intimement liée à la perfection de la mise en main, de la décontraction de la mâchoire et du ramener, et elle diminue jusqu'à disparaître dès que le cheval en sort.

Ainsi, pour ramener progressivement le cheval du passage au piaffer, sans diminution des gestes ni de la suspension, les aides prédominantes doivent être, pour le diagonal droit, le talon gauche et la rêne droite d'appui, le cheval étant placé à droite.

Au contraire, pour pousser le cheval du piaffer au passage, et pour le même diagonal, les aides prédominantes doivent être le talon droit, et l'effet d'appui de la rêne droite, le cheval étant placé à *gauche*. Le «démarrage» du piaffer au passage est grandement facilité par cette interversion des aides quand elle s'effectue nettement, et avec décision, quoique sans brusquerie.

ANNEXES

Ces observations ont été faites par le Général Decarpentry lors de sa participation au jury du Concours de Dressage de Berne (Suisse).

Avec l'aimable permission de la baronne de La Barre de Nanteuil, nous avons pensé qu'il serait intéressant de faire connaître l'écriture de celui qui, par sa science et son expérience, nous a laissé ces pages à méditer.

L'éditeur

Les Leçons de Berne   1

Il y a, comme toujours, de fructueux enseignements à tirer des observations faites au Concours
de Berne, tant par les étrangers que par nous-mêmes,
sur eux comme sur nous.

Bravant le ridicule auquel on s'expose en se citant
soi-même, je me permets de rappeler quelques lignes de
l'Avant-Propos de "l'équitation académique" :

« Dans certaines de nos présentations, où les hautes
+ difficultés du reprise sont résolues mieux qu'hono-
-rablement, on relève par contre quelquefois des fautes
graves dans les mouvements les plus simples, comme si
l'éducation première des chevaux avait été négligée.
Entre celle-ci et l'éducation supérieure dont ils donnent
cependant la preuve, la liaison paraît mal établie.
La poésie équestre est harmonieuse, mais défacée çà et là
par des fautes d'orthographe. »

Or, dans un article où nous avons été jugés sans excès
d'indulgence par le critique d'un journal étranger, nous
lisons, en ce qui concerne nos présentations :

« ...... on se sent tenté de faire la comparaison avec un
pianiste qui exécuterait les Rhapsodies de Liszt sans
avoir dans les doigts les exercices de Diabelli...»

Comme il n'y a aucune chance pour que mon modeste
aide-mémoire ait été lu par ce critique, je relève volon-
-tiers notre accord sur ce point, qui me permettra d'exprimer
sans ambages notre désaccord sur plusieurs autres.

Je partage encore son avis sur l'impulsion des chevaux
suisses : chez les meilleurs à ce point de vue, Traismüur et
Kurtus, elle ne dépasse pas une honnête moyenne, qu'elle
n'atteint pas chez les autres chevaux de la Régie.

Je suis en revanche d'un avis contraire au sien en ce
qui concerne l'impulsion des chevaux français. Alors que
tous les chevaux suisses, sans exception, réclament une
action énergique et soutenue des talons pour se décider
à allonger plus ou moins — souvent moins que plus — leur
allure, il suffit aux cavaliers d'Harpagon, de Tapir, de
Maroquin, par exemple, d'entr'ouvrir les doigts pour que
leur monture "jaillisse" en avant avec une générosité
sans désarroi, et si les autres chevaux de notre équipe
développent moins leur action, c'est que la prudence ne
permet pas encore de les "lâcher" autant qu'on pourra
le faire quand l'habitude des épreuves publiques aura
fait disparaître leur tendance de débutants à la
"gaminerie" — tendance que notre censeur reconnaît
d'ailleurs avec impartialité, en écrivant : .. "sur
Maxi et Colibri, le cavalier doit se croire plutôt sur des
charbons ardents que sur un cheval ". —

Pour mesurer la valeur d'un allongement d'allure,
tous les juges utilisent un "test" bien connu, qui fournit
un élément précis pour cette évaluation : c'est le nombre
des battues exécutées pour courir la distance fixée par
le programme de la reprise, car c'est l'extension des foulées,
et non leur précipitation, qui donne à l'allongem.t sa valeur.
Entre deux chevaux de taille sensiblement égale, celui
qui, sur la même distance, exécute moins de foulées que
l'autre, fournit un allongem.t meilleur que celui de ce dernier

LES LEÇONS DE BERNE

Il y a, comme toujours, de fructueux enseignements à tirer des observations faites au concours de Berne, tant par les étrangers que par nous-mêmes, sur eux comme sur nous. Bravant le ridicule auquel on s'expose en se citant soi-même, je me permets de rappeler quelques lignes de l'avant-propos de « L'Équitation Académique »

« Dans certaines de nos présentations, où les hautes difficultés des reprises sont résolues mieux qu'honorablement, on relève par contre quelquefois des fautes graves dans les mouvements les plus simples, comme si l'éducation première des chevaux avait été négligée. Entre celle-ci et l'éducation supérieure dont ils donnent cependant la preuve, la liaison paraît mal établie. La poésie équestre est harmonieuse, mais déparée çà et là par des fautes d'orthographe. »

Or, dans un article où nous avons été jugés sans excès d'indulgence par le critique d'un journal étranger, nous lisons, en ce qui concerne nos présentations

« ..... On se sent tenté de faire la comparaison avec un pianiste qui exécuterait les rhapsodies de Liszt sans avoir dans les doigts les exercices de Diabelli...

Comme il n'y a aucune chance pour que mon modeste aide-mémoire ait été lu par ce critique, je relève volontiers notre accord sur ce point, qui me permettra d'exprimer sans ambages notre désaccord sur plusieurs autres.

Je partage encore son avis sur l'impulsion des chevaux suisses : chez les meilleurs à ce point de vue, Trebonius et Kursus, elle ne dépasse pas une honnête moyenne, qu'elle n'atteint pas chez les autres chevaux de la Régie.

Je suis en revanche d'un avis contraire au sien en ce qui concerne l'impulsion des chevaux français. Alors que tous les chevaux suisses, sans exception, réclament une action énergique et soutenue des talons pour se décider à allonger plus ou moins — souvent moins que plus — leur allure, il suffit aux cavaliers d'Harpagon, de Tapir, de Maroquin, par exemple, d'entrouvrir les doigts pour que leur monture « jaillisse » en avant avec une générosité sans réserve, et si les autres chevaux de notre équipe développent moins leur action, c'est que la prudence ne permet pas encore de les « lâcher » autant qu'on pourra le faire quand l'habitude des épreuves publiques aura fait disparaître leur tendance de débutants à la « gaminerie » tendance que notre censeur reconnaît d'ailleurs avec impartialité, en écrivant : « sur Mars et Colibri, le cavalier doit se croire plutôt sur des charbons ardents que sur un cheval ».

Pour mesurer la valeur d'un allongement d'allure, tous les juges utilisent un « test » bien connu, qui fournit un élément précis pour cette évaluation : c'est le nombre des battues exécutées pour couvrir la distance fixée par le programme de la reprise, car c'est l'extension des foulées et non leur précipitation, qui donne à l'allongement sa valeur. Entre deux chevaux de taille sensiblement égale, celui qui, sur la même distance, exécute moins de foulées que l'autre, fournit un allongement meilleur que celui de ce dernier.

Or, sur la diagonale de la carrière, Harpagon fait, au trot, quatre battues de moins que Kursus, et six ou sept de moins que Flott et Biondo. Il faut, pour réaliser cette performance, une énergie remarquable dans la « chasse » de l'arrière-main, et ce n'est pas sans surprise qu'on lit le reproche fait à Harpagon par notre critique de « se retenir » et de « laisser ses postérieurs à la traîne ».

Mais je me trouve encore une fois d'accord avec lui, pour apprécier à sa haute valeur le « façonnement » imposé aux chevaux suisses, et les justes dispositions de leur attitude d'ensemble. Fermement encadrés entre les jambes de leur cavalier, coulants sous son assiette, leur bouche repose avec confiance sur la main qui les guide, et ils se maintiennent avec aisance dans l'équilibre horizontal qui convient aux allures mesurées de la basse-école.

Et je suis encore de son avis quand il relève l'infériorité de la plupart de nos chevaux à ce point de vue. Sans refuser de s'engager dans le couloir des aides, ils n'y pénètrent pas assez profondément, ils n'entrent pas à fond dans leurs rênes, et restent un peu flottants dans un cadre trop large. Sans se soustraire entièrement aux indications de la main, ils leur échappent en partie par un relèvement de la nuque qui place leur bouche « au-dessus » des rênes, et distend les muscles de leur dos qui se dérobe sous l'assiette du cavalier. En un mot, ils ne sont pas suffisamment « tendus » pour que les effets des rênes parviennent, comme il le faudrait, jusqu'à « la pince des postérieurs ».

Ce sont là de graves défauts, et la conformation de plusieurs de nos chevaux augmente fortement la difficulté de les éviter.

Il faut évidemment tenir compte des observations faites à Berne dans la préparation de nos équipes aux épreuves à venir, mais on ne peut le faire dans la même mesure en ce qui concerne les JO., qui sont tout proches, et la suite des concours dont l'échéance est à long terme. Les épreuves des JO. ne comportent d'ailleurs pas de reprise de basse-école, mais seulement celle du Grand-Prix.

L'affermissement des bases du dressage de nos champions olympiques devra sans doute être entrepris, mais on ne peut s'y consacrer uniquement que pour un temps assez limité, quitte à le poursuivre dans la suite simultanément avec l'entretien et le développement du travail d'École proprement dit.

Il est très regrettable que des circonstances fortuites n'aient permis qu'à Harpagon, parmi nos « olympiables », de se présenter à Berne, mais il semble bien que ses futurs camarades d'équipe auraient été l'objet d'observations du même ordre, et les conclusions qu'on peut en tirer pour le cheval du Colonel Jousseaume sont sans doute également valables, à peu de choses près, pour nos autres champions.

Il s'agit tout d'abord d'améliorer leur attitude d'ensemble, dans le sens d'une extension de leur bout de devant et de l'accroissement de la tension de leur dessus, ces modifications ne peuvent être envisagées que dans d'étroites limites, et conduites avec une extrême prudence, car on ne saurait impunément « violenter la nature ».

Un cheval dont l'encolure est greffée tout en haut des épaules, et orientée naturellement plus loin de l'horizontale que de la verticale ne pourrait être amené sans dommage au « gabarit » où la bouche s'aligne à hauteur de la hanche. Dans cette attitude trop à l'opposé de sa conformation naturelle, il perdrait sans aucun doute une grande partie de l'agilité de ses mouvements, de l'aisance de son maintien, de l'ampleur et de l'énergie de ses gestes de tout ce qui fait le charme des présentations d'Harpagon, par exemple.

Mais, conduit sur des rênes un peu plus longues, légèrement abaissé dans la partie supérieure de son encolure, un peu plus ouvert sous la nuque et surtout rendu bien liant dans sa bouche, Harpagon augmenterait la correction de son travail sans rien perdre de sa grâce. Il développerait l'étendue de son pas souvent un peu « menu », ainsi que l'élasticité de son trot ordinaire ou ralenti, parfois plus « couru » que sauté. Mais c'est surtout son piaffer qui tirerait le plus grand avantage de ce léger changement d'équilibre. Il y gagnerait sûrement en souplesse. Les ressorts du rein et de l'arrière-main, dont l'énergie ne laisse rien à désirer, y mettraient plus de moelleux dans leur détente.

Parmi les moyens qui permettent d'effectuer ce changement d'équilibre, le travail sur des pentes ascendantes conduit à des résultats qu'il est difficile d'obtenir sans lui. À la montée, l'instinct du cheval le pousse en effet à prendre de lui-même l'attitude à rechercher par le cavalier. Il y parvient ainsi « tout seul », et rapidement. Ses allures naturelles en sont influencées presqu'aussitôt, et durablement. C'est un procédé sans danger, d'une efficacité remarquable, et qu'on ne saurait trop recommander.

La prudence commande aussi de maintenir l'allongement du trot, où nos chevaux se livrent sans réserve, dans les limites où l'allure peut conserver intactes non seulement sa régularité, mais encore sa « forme académique ». Il faut éviter avec soin qu'elle ne subisse la déformation du trot acrobatique d'hippodrome, où l'effort excessif et contre nature imposé aux chevaux crispe leur nuque et leur rein, en même temps que l'extension forcée de leurs enjambées condamne les postérieurs, qui dépassent les antérieurs avant leur lever, à se jeter de côté pour éviter à ces derniers de douloureuses nerf-ferrures.

« Chaque fois que l'on saute une marche dans l'escalier du dressage, disait le « Père » Raabe, on peut être sûr qu'il faudra tôt ou tard redescendre au moins d'un étage ».

Voilà un aphorisme que nous devrions avoir constamment à l'esprit !

Dans notre préparation à long terme — celle qui devrait être la normale — il nous faut avant tout renoncer définitivement au Système D, et au « bricolage ». Une année suffit à peine pour mettre le cheval d'aplomb dans ses trois allures, le fixer dans l'équilibre de la basse-école sur le droit et les courbes, en marche directe, rétrograde, et latérale.

« Voyez ! dit l'innocent, voyez ce cheval que j'ai pris il y a trois mois à peine débourré, il « passe » ses changements de pieds et commence à se cadencer en place... » — et notre homme de jubiler !

C'est d'ailleurs souvent presque vrai, car l'innocent ne manque pas toujours d'adresse pour « bourlinguer » ses victimes. Seulement, son cheval marche en crabe à toutes les allures, tombe d'un galop dans l'autre comme on trébuche en manquant le bord du trottoir, et frétille à l'arrêt telle fameux dindon sur la plaque de tôle brûlante. Si, par chance, il n'est pas complètement... perdu pour un dressage « utile », du moins faudra-t-il des mois sinon des années pour lui faire oublier son truquage, rétablir la fermeté de son galop, et son immobilité à l'arrêt — avant de pouvoir commencer son véritable dressage.

Toute la gymnastique fonctionnelle du premier dressage académique doit être appliquée à nos chevaux avec une progression minutieusement graduée et là encore, le travail sur des pentes permet d'ajouter aux exercices classiques l'emploi d'un procédé aussi pratique qu'efficace pour la correction de l'attitude d'ensemble dans ce qu'elle peut avoir de naturellement défectueux.

A la descente, le cheval sur les épaules par construction recule d'instinct son centre de gravité. Les groupes de muscles qu'il met ainsi particulièrement en jeu développent leur puissance par rapport à celle des antagonistes. Ses ralentissements et ses arrêts y sont facilités sans que la main soit obligée de renforcer son action : il apprend « tout seul » à se « freiner ».

A la montée, le cheval qui a trop de poids sur l'arrière-main le décharge de lui-même, et développe sa chasse, non seulement d'arrière en avant, mais aussi de bas en haut, et son allure en est tout naturellement allégée.

La forêt de Fontainebleau, la piste de Terrefort et Verne présentent des pentes de toute inclinaison, et on trouve au Bois de Boulogne, vers les portes de Bagatelle et d'Auteuil des différences de niveau parfaitement utilisables pour cette gymnastique.

Parmi les reproches qui sont adressés à nos chers cavaliers, on peut encore relever ceux-ci, qui sont bien souvent justifiés : ils ne marchent pas droit sur la piste, se négligent au passage des coins, et arrêtent lourdement ou nerveusement.

Il est de fait que sur les côtés de la carrière, nos cavaliers s'en remettent volontiers au voisinage de la lice pour maintenir leur cheval droit, et paraissent s'imaginer que ce dernier tend naturellement à placer son grand axe parallèlement à celle-ci.

Or, il n'en est rien. Tout au contraire, dès qu'il longe une clôture quelconque, le cheval aligne d'instinct parallèlement à celle-ci non pas son axe longitudinal mais son bipède latéral externe. Comme il est toujours plus large des hanches que des épaules, son postérieur interne « déborde » forcément de la piste vers l'intérieur de la carrière, et il se place en conséquence « de travers ». Cela crève les yeux des juges, pour peu que le cheval marche naturellement un peu large du derrière — comme Harpagon par exemple.

Il faut donc « conduire » son cheval sur la piste comme en dehors d'elle, éloigner chaque fois qu'il y a lieu les épaules de la lice pour les replacer devant les hanches, et vérifier constamment que la direction de la crête du bout de devant, du pommeau au sommet de la têtière, ne recoupe pas de plus ou moins près celle de la clôture.

On doit encore profiter du fait que cette déviation instinctive du cheval s'accuse d'autant plus qu'il est plus rapproché de cette clôture, et, sans aller jusqu'à tracer sa piste à un mètre du mur, comme le conseille Fillis, ne pas craindre de s'en tenir éloigné de deux bonnes largeurs de cheval, puisque le règlement de la FEI ne prescrit aucune mesure pour cet écartement.

Quant au passage des coins, nos cavaliers semblent souvent oublier qu'il doit être obligatoirement exécuté sur un quart de volte académique, de diamètre égal à deux longueurs de cheval, à toutes les allures de vitesse normale ou ralentie. Lorsqu'elles sont allongées, il est entendu que le « passage des coins » doit être élargi, mais pas au gré du cavalier ou du cheval Le trajet d'un grand côté à l'autre au bout de la carrière doit alors être arrondi, et s'effectuer sur un demi-cercle de diamètre égal à la largeur de la carrière, et tangent en son milieu à la piste du petit côté.

Pour les arrêts, il nous faut augmenter leur fréquence au cours du travail, sur une et sur deux pistes, et ne pas faire agir les rênes sans s'assurer d'abord que l'arrière-main est en place, en mesure d'assurer la stabilité immédiate de l'équilibre à l'immobilisation, et, si elle [est] trop éloignée, ramener d'abord avec les jambes les postérieurs à leur juste engagement sous la masse. Là encore, la descente facilite grandement le travail pour les chevaux lourds à l'arrêt, et la montée à ceux qui tendent à s'arrêter trop brusquement.

Quant à la préparation au Grand Prix, aucun de nos chevaux ne devra y être admis sans avoir été au préalable très honorablement noté dans une épreuve du St Georges, officielle ou non.

C'est seulement sur la base de cette éducation première confirmée que doit être entreprise l'instruction supérieure réclamée du cheval présumé « olympiable ».

Dans l'épreuve du Grand Prix, l'alternance des allures horizontalement équilibrées et des airs d'école réclame du cheval non seulement l'aptitude à prendre l'équilibre sur les hanches nécessaires à ce dernier, mais aussi à passer facilement de l'une à l'autre de ces deux attitudes très différentes.

Au passage, une légère décharge de l'avant-main suffit à assurer la cadence, qui dépend surtout du sens de la détente des postérieurs accrue, et dirigée plus haut et moins en avant que dans le trot. Au piaffer, cette décharge de l'avant sur l'arrière-main doit s'accentuer très sensiblement, et l'engagement indispensable des postérieurs doit provoquer un abaissement déjà beaucoup plus marqué des hanches. Mais c'est dans la pirouette que le changement d'équilibre doit être le plus fortement accusé pour permettre un « soupçon » de pesade qui donne à chaque battue la majestueuse lenteur et l'élévation dont dépend toute sa valeur.

Là, il faut absolument que le cheval, suivant la formule des anciens « s'abaisse à fond des hanches, et s'élève d'autant du garrot », et cette heureuse expression fait nettement ressortir que ce n'est pas à son sommet que l'encolure doit s'élever par un coup de tête, mais bien à sa base.

Dans chacun de ces airs, l'aisance du cheval se manifeste par la « galantise de sa bouche » réclamée par Pluvinel et La Guérinière, « l'abkauen » de Steeger et de Steinbrecht, « la mobilité moelleuse de la mâchoire » de Baucher et du général Motte. Sans elle, pas de légèreté complète, et son absence est un signe infaillible de quelque disposition vicieuse, physique ou morale dans « l'état d'esprit ou de corps » de l'exécutant.

Et c'est précisément l'absence de ce témoignage irrécusable du « juste emploi des seules forces utiles au mouvement » qui frappe le plus chez les chevaux suisses dans leurs esquisses des airs d'école, jugées si sévèrement par notre critique. Le « repos » de leur bouche déjà peut-être un peu somnolente aux allures de la basse-école — devient alors celui du cadavre dans son cercueil. « Bouche morte, disait-on à Versailles, croupe sans vie ». Là encore, il y a un enseignement utile à tirer pour nous.

Enfin, la position des mains de nos cavaliers est fréquemment l'objet de critiques justifiées. On leur voit parfois des rênes trop courtes, au bout de bras trop allongés. Le travail académique n'admet pas l'équitation « à bras tendus ». Le coude doit rester à la verticale de l'épaule, tout près de la hanche.

Le maintien des mains écartées, aussi bien que placées au-dessus ou au-dessous de l'horizontale du coude est une faute de tenue, et un témoignage évident de l'insuffisance du dressage à l'action des rênes.

Au cours du travail de préparation du cheval, on est souvent amené à déplacer les mains pour accentuer l'indication qu'elles donnent, mais dans une présentation — où le cheval est présumé dressé —, la position des mains du cavalier, comme de tout le reste de son corps, doit rester impeccablement correcte.

Pour terminer, et quitte à rabâcher, j'attire encore une fois l'attention des candidats aux épreuves académiques sur la nécessité pour eux de développer leur culture équestre.

Nos maîtres nous ont laissé des enseignements que rien ne saurait remplacer, et si la pratique de l'équitation s'apprend « dans beaucoup de selles », sa théorie, indispensable à l'échelon académique, ne se trouve que dans les ouvrages classiques de nos grands écuyers.

Sans doute, « il y a loin de la croupe au livre », comme disait à ses élèves de l'École du Pin le sarcastique baron de Cumieu, mais ce n'était qu'une de ces boutades dont il était coutumier — et il n'en a pas moins écrit lui-même plusieurs ouvrages de grande valeur.